Cynnwys

Cyflwyniad	4
Y blynyddoedd cynnar	8
Teganau a gemau	15
Awyr agored	22
Crefydd	27
Addysg	31
Iechyd	38
Yr arddegau	43

Cyflwyniad

I lawer, mae plentyndod yn gyfnod hudolus sy'n llawn sbort a chyffro, adeg i wneud ffrindiau oes a chreu atgofion melys. I eraill mae'r llwybr at fyd oedolyn yn un anodd a phoenus sy'n llawn ansicrwydd, ofnau a phryderon. Boed yn ddyddiau heulog a hufen iâ ar y naill law neu'n frech goch ac adroddiadau ysgol gwael ar y llall, bydd plentyndod bob amser yn gyfnod llawn cyfnewidiadau, sy'n cynnig heriau fyrdd i'w hwynebu a'u goresgyn.

Ond ni waeth sut gefndir neu amgylchiadau sydd gan blentyn, mae hud chwarae yn rhychwantu pob cenhedlaeth, gan alluogi'r genhedlaeth iau i ddianc i'w bydoedd dychmygol eu hunain a chynnig ymdeimlad o ryddid ac annibyniaeth iddynt. Bydd chwarae creadigol yn dysgu plant yn ifanc iawn i ymwneud â'r byd sydd o'u hamgylch ac yn gymorth iddynt ddatblygu'n gorfforol, yn ddeallusol ac yn emosiynol.

Mae plant yng Nghymru heddiw, ar y cyfan, yn mwynhau cyfnodau helaeth o amser hamdden. Ond nid felly y bu erioed. Cyn iddi ddod yn orfodol i anfon plant i'r ysgol, tua diwedd y bedwaredd ganrif ar bymtheg, gweithio yn y ffatrïoedd a'r pyllau glo oedd hanes llawer o fechgyn a merched ifainc. Gyda thlodi yn beth mor gyffredin roedd angen eu cyflogau i helpu i ddilladu a bwydo eu teuluoedd. Gallai bywyd fod yn fyr. Byddai damweiniau angheuol yn digwydd yn aml yn y pyllau, a byddai plant eraill yn marw cyn pryd oherwydd y diffyg gofal iechyd, glanweithdra a moddion.

Tudalen 3: Rhywun eisiau lifft? Aberbanc, Ceredigion, 1950au cynnar.
De: Annie Evans a'i phram, Abertawe, tua 1917.

Plentyndod yng Nghymru

Llyfrau Amgueddfa Cymru

Cyhoeddwyd gyntaf yn 2010 gan Llyfrau Amgueddfa Cymru, Parc Cathays, Caerdydd CF10 3NP, Cymru.

© Amgueddfa Genedlaethol Cymru

ISBN 978 0 7200 0615 5

Testun: Emma Lile, Gerallt Nash, Lisa Tallis

Testun Cymraeg: Elin ap Hywel

Dylunio: Peter Gill & Associates

Golygu: Mari Gordon

Fersiwn Saesneg ar gael, *Childhood in Wales*, ISBN 978 0 7200 0614 8.

© Amgueddfa Genedlaethol Cymru sydd i bob llun oni bai am y canlynol: Darren Britton, t. 7; Brian Davies, t. 18; Eisteddfod Genedlaethol Cymru, t. 46; Frederic Evans, tt. 10/11, 17; T. Michael Evans, clawr blaen; Nicola Leonard, t. 21, clawr cefn; Simon Renault, t. 38; Menna Roberts, t. 27; Beth Thomas, t. 24; Gwerfyl Thomas, t. 47; Raphael Tuck & Sons, t. 22; W. Williams, t. 15; John Williams-Davies, t. 3.

Diolchiadau:
Emyr Davies, y diweddar Mari Friend, Arwyn Lloyd Hughes, Lowri Jenkins, Brian Lile, Sue Renault, Miriam Rodrigues, Meinwen Ruddock-Jones, Megan De Silva.

Paratowyd y cyhoeddiad hwn i gydfynd â'r arddangosfa 'Plentyndod yng Nghymru' yn Sain Ffagan: Amgueddfa Werin Cymru, 7 Rhagfyr 2010 – 2 Mawrth 2011.

Delwedd y clawr blaen: David, John a Michael Evans gyda'u hewythr, Llangadog, 1930au.
Delwedd y clawr cefn: Mwynhau'r haul yng nghaeau Pontcanna, Caerdydd, 2010.

national museum wales
amgueddfa cymru

Noddir gan Lywodraeth Cynulliad Cymru

Mae'r casgliadau plentyndod yn Sain Ffagan: Amgueddfa Werin Cymru yn ffynhonnell gyfoethog o arteffactau, llawysgrifau, ffilmiau a recordiadau sain, ac yn cynnig blas ar fywyd plant yng Nghymru o'r gorffennol pell hyd heddiw. Er y cafwyd newidiadau mawr ym meysydd fel addysg, iechyd a chrefydd, mae pleser a phoen, llawenydd a thorcalon dod i oed yn deimladau diamser a thragwyddol.

Chwith: Merch fach yn ei ffrog orau, tua 1910.
De: Hwyl ar y sleid, 2007.
Isod: Ton newydd, 21ain ganrif.

Y blynyddoedd cynnar

Mae dyfodiad baban i'r byd yn aml yn gyfnod o lawenydd a chyffro mawr. Er mai bach iawn mae'r rhan fwyaf o bobl yn cofio am eu blynyddoedd cynnar, gall y profiadau a gaiff plentyn cyn dyddiau ysgol effeithio'n ddwfn ar ei fywyd wedi hynny.

Mae'n debyg mai crudiau a chotiau yw'r dodrefn pwysicaf ar gyfer plentyn ifanc, ac maent wedi cael eu defnyddio ers canrifoedd i sefydlu patrwm cwsg rheolaidd. Gall plentyn blinedig sy'n cwyno gael ei suo i gysgu o'i lapio a'i siglo yn ôl a blaen yn araf, a hynny'n ollyngdod i'r rhieni

rhwystredig. Defnyddiwyd hwiangerddi a rhigymau ers cenedlaethau hefyd i ddiddanu neu ddiddgo babanod a gall caneuon o'r fath greu ymdeimlad o agosatrwydd rhwng yr un sy'n canu a'r plentyn. Ceir llawer enghraifft o rigymau cyfrif yn Gymraeg sy'n defnyddio'r bysedd a bodiau'r traed, ac mae'r rhain yn addysgu yn ogystal â difyrru trwy gyflwyno amryw o eiriau a seiniau newydd.

Yn ystod yr unfed ganrif ar bymtheg y cynlluniwyd y cadeiriau uchel cyntaf i'w gwthio yn erbyn bwrdd fel y gallai plant gyd-fwyta gyda'u rhieni. Ychwanegwyd yr hambwrdd, neu fwrdd chwarae, yn ystod rhan olaf y bedwaredd ganrif ar bymtheg. Roedd yn cynnig mwy o hyblygrwydd a chysur yn ystod prydau bwyd, oherwydd gallai'r plentyn naill ai ei ddefnyddio fel ei fwrdd bach ei hun neu fel man i gadw ei deganau tra roedd yn cael ei fwydo. Wrth i'r gadair uchel ddatblygu, gwelwyd sawl math hyblyg a oedd yn gallu troi o fod yn gadair isel, i fod yn gadair gyda bwrdd, neu hyd yn oed gadair siglo.

Chwith: Cadair siglo fechan
gyda chomôd o dan y sedd,
Morgannwg, tua 1730.
Isod: Crud pren gyda lliw
glas lleddfol y tu mewn iddo,
Caerdydd, 19eg ganrif hwyr.
Tudalen 8: Fy llun cyntaf o
flaen y camera – John Evans,
Abertawe, 1939.

Tudalennau 10/11: Plant o bentref Llangynwyd, Pen-y-bont ar Ogwr, tua 1905.
Chwith: Cadair uchel gan David Nicol, 1889.

12

Mae'r ymagwedd amlbwrpas hwn yn parhau hyd heddiw, gyda llawer cwmni yn cynnig cadeiriau sy'n symud i fyny ac i lawr ac, i bob diben, yn tyfu gyda'r plentyn.

Yn y bôn cerbydau teithio i fabanod yw pramiau. Daeth pramiau bychain siâp coets yn boblogaidd yn ystod y bedwaredd ganrif ar bymtheg, ar adeg pan oedd manteision awyr iach i blant bach yn cael eu hyrwyddo. Ar y cychwyn roedd y pramiau drud a phraff eu saernïaeth hyn yn ffordd o ddangos statws teuluoedd cefnog a'r dosbarth canol, ond gyda datblygiad masgynhyrchu yng nghanol yr ugeinfed ganrif daeth yn haws i bob teulu eu fforddio. Yn ddiweddar, crëwyd systemau teithio hyblyg a chynhwysol gydag un cerbyd yn gwneud gwaith pram, cadair wthio neu sedd car.

Pram gan gwmni Osnath mewn steil coets, Caerdydd, 1960au.

Teganau a gemau

Mae pawb yn cofio eu hoff deganau yn blant a'r modd y byddent yn rhoi oriau bwy'i gilydd o ddifyrrwch a diddordeb iddynt. Gall teganau fynd â phlant ar adain dychymyg i wlad hud ac maent yn rhan hanfodol bwysig yn nhwf a datblygiad plentyn. Dyma i chi gyfeillion triw mewn byd o oedolion a all weithiau fod yn ddigon i beri dryswch i blentyn, a ffynhonnell ddi-ben-draw o gysur, sbort a mwynhad.

Cyn dyfodiad eitemau a fasgynhyrchwyd, yn ystod yr ugeinfed ganrif, roedd y rhan fwyaf o blant yng nghefn gwlad Cymru yn falch o berchen ar deganau gwerin a wnaed â llaw o'r deunyddiau crai oedd ar gael yn eu hardal. Roedd gwrthrychau syml o bren, fel chwibanau, topiau a ratlau, yn gyffredin: felly hefyd gylchoedd a bachau haearn neu bêl-droed o bledren mochyn. Fel arfer lluniwyd teganau traddodiadol o'r fath naill ai gan rieni'r plant neu grefftwyr lleol, ac er eu bod ar y cyfan yn rhai digon syml eu cynllun byddai gan y plant, yn ddieithriad, feddwl y byd ohonynt.

Uchod: Morwr ifanc a'i long, Caernarfon, tua 1880.
Chwith: Julie Hughes a'i hoff dedi, Porthmadog, tua 1951.

15

Cyn canol yr ugeinfed ganrif ychydig iawn o deuluoedd yng Nghymru oedd yn gallu fforddio gwario ar ddim heblaw hanfodion bywyd. Golygai hyn y byddai'n rhaid i'r plant ddyfeisio eu diddanion eu hunain fel arfer. Byddent wrth eu boddau yn chwarae gemau fel cuddio a hopsgots am oriau bwy'i gilydd, neu'n gwneud teisennau mwd neu chwilio am flodau neu löynnod byw. Gallai bechgyn ifainc droi eu llaw yn ddigon rhwydd at wneud barcutiaid papur, cychod tegan a ffyn tafl, tra bo'r merched yn manteisio ar eu dawn â nodwydd i wnïo doliau clwt, neu'n chwarae siopau dillad gyda darnau bach o ddefnydd.

Hyd ganol yr ugeinfed ganrif dim ond y rhieni mwy cefnog oedd yn gallu fforddio prynu teganau i'w plant. Ond trawsnewidiwyd y farchnad deganau gan gynnyrch y ffatrïoedd a

Uchod: Gêm o farblis yn Llangynwyd, tua 1910.
Chwith: Chwarae cowbois, Caerfyrddin, tua 1910.

ffynnai yn ystod y cyfnod llewyrchus wedi'r rhyfel, yn y 1940au hwyr a'r 1950au. Yn ystod y cyfnod hwn daeth deunyddiau newydd a rhatach fel plastig i'r amlwg, gan ostwng prisiau a dod â theganau o fewn cyrraedd plant o bob cefndir. Collodd y plant olwg felly ar y teganau gwaith llaw a wnaed gartref wrth

i'r creadigaethau lliwgar, ffasiynol oedd i'w gweld yn y siopau fynd â'u bryd. Agorodd cwmnïau teganau o fri fel Mettoy, Wendy Boston a Louis Marx ffatrïoedd yn ne Cymru, ac ar ei hanterth roedd cangen Merthyr Tudful o gwmni Lines Brothers, a oedd yn gwneud teganau Triang, yn cyflogi dros fil o weithwyr. Cynhyrchai cwmni

Mettoy geir tegan Corgi yn ei ffatri yn Abertawe, gan gynnwys model o Aston Martin DB5 James Bond – y car tegan uchaf ei werthiant erioed.

Tudalen 18: Brian Davies ar ei dractor Triang, Llandygwydd, Ceredigion, tua 1966.
Isod: Dalek, gwnaed gan gwmni teganau Louis Marx o Abertawe, 1960au.
Toyota GT James Bond, gwnaed yn Abertawe, tua 1967.

Uchod: Tŷ doliau, Caerdydd, tua 1903.
De: Plant yn chwarae ar eu
Nintendos, Penarth, 2010.

Mae'r diwydiant teganau yn fusnes anferth heddiw, a'r rhan fwyaf o deganau a werthir ym Mhrydain yn cael eu cynhyrchu dramor. Ond yn ddiweddar mae cymeriadau a grëwyd gan animeiddwyr o Gymru ar gyfer rhaglenni teledu fel Superted, Sam Tân a Holi Hana wedi ysbrydoli nwyddau deniadol i blant, gan roi hwb i ddelwedd Cymru yn y wlad hon a thramor. Yn ystod y blynyddoedd diwethaf mae pŵer teledu, ffilmiau a hysbysebion yn golygu bod rhagor a rhagor o deganau yn cael eu seilio ar gymeriadau'r sgrin. Mae Cymru'r unfed ganrif ar hugain, fel Prydain gyfan, yng ngafael oes y gemau cyfrifiadurol, lle mae adloniant uwch-dech yn hollbwysig. Mae'n syndod felly, o bosib, bod yr hen ffefrynnau fel teganau adeiladu Lego a doliau Barbie yn dal i fod yn boblogaidd dros ben. Mae'r brwdfrydedd parhaus at deganau bytholwyrdd fel io-ios, cylchoedd hwla a rhaffau sgipio hefyd yn profi bod hyd yn oed y teganau symlaf yn llwyddo i ddiddanu cenedlaethau o blant, dro ar ôl tro.

Awyr agored

Hyd ganol i ddiwedd y bedwaredd ganrif ar bymtheg, roedd disgwyl i lawer o blant weithio ar ffermydd, mewn ffatrïoedd neu dan ddaear unwaith iddynt droi'n chwech neu saith mlwydd oed. Serch hynny, pan oedd ganddynt ychydig o amser hamdden a chyfle i ddod at ei gilydd ar y stryd, yn y caeau neu ar iard yr ysgol, byddent yn dysgu, yn chwarae ac yn canu caneuon a gemau syml a draddodwyd o un genhedlaeth i'r llall.

Gyda'r cynnydd mewn amser hamdden yn ystod yr ugeinfed ganrif bu mwy o blant yn mwynhau tripiau Ysgol Sul a gwyliau teuluol i lan y môr neu fynyddoedd gogledd Cymru. Roedd yr Urdd a mudiadau'r Sgowtiaid a'r Geidiau yn cynnig cyfle i filoedd o fechgyn a merched gael eu profiad cyntaf o wersylla. Byddai teuluoedd o'r ardaloedd diwydiannol yn teithio (a hynny ar y trên yn aml) i dreulio wythnos neu ddwy ar lan y môr mewn mannau fel y Barri, Porthcawl ac Aberafan yn y de, neu Landudno, Prestatyn neu'r Rhyl ar arfordir gogledd Cymru.

Wedi'r Ail Ryfel Byd roedd gwersylloedd gwyliau fel Butlins ym Mhwllheli ac Ynys y Barri a Pontins ym Mhrestatyn yn darparu llety ac yn trefnu adloniant i deuluoedd a phlant. Wrth i'n cymdeithas dyfu'n un fwy cefnog a symudol, rydym wedi troi at wyliau mwy anturus, er bod pleserau syml pebylla a charafanio yn dal i fod yn boblogaidd.

Yn eironig ddigon, gan ei bod hi mor
rhad a hawdd i hedfan dramor ar
wyliau heddiw, mae llawer o blant
Cymru wedi ymweld â mannau ym
Mhortiwgal a Sbaen ond heb deithio
o amgylch eu mamwlad erioed.

Chwith: Hwyl ar lan y môr – cerdyn
post o 1914.
Uchod: Tîm pêl-droed Severn Road,
Caerdydd, tymor 1925-26.

Uchod: Bachgen bach ar ei sgwter,
Llanymddyfri, tua 1920.
Chwith uchod: Beth Thomas ar ei
cheffyl, Treforys, tua 1960.
Chwith isod: Enghraifft o gwch siglo
cynnar, Caerfyrddin, tua 1910.

I'r plant hynny sy'n creu eu difyrrwch eu hunain gartref, mae llawer o ferched a bechgyn hŷn yn dal i weld esgidiau rholio, beiciau a sglefr fyrddau yn gyfrwng i fynegi eu hannibyniaeth. Gall cwrdd â ffrindiau yn y parc neu'r maes chwarae lleol fod lawn mor bleserus â mynd i ffwrdd ar wyliau.

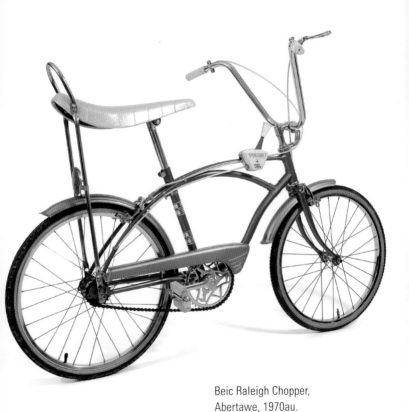

Beic Raleigh Chopper,
Abertawe, 1970au.

BAND OF HOPE

This is to Certify

That *Margaret Hughes*

IS A MEMBER OF THE ABOVE SOCIETY HAVING SIGNED THE FOLLOWING

PLEDGE

BY DIVINE ASSISTANCE I WILL ABSTAIN FROM ALL INTOXICATING DRINKS
AS BEVERAGES AND DISCOUNTENANCE ALL THE CAUSES AND PRACTICES OF INTEMPERANCE.

Signed *April 15th 1887* No *49*
Thos Roberts Secy

PREVENTION IS BETTER THAN CURE

ABHOR THAT WHICH IS EVIL.
CLEAVE TO THAT WHICH IS GOOD

LEAD US NOT
INTO TEMPTATION.

Published by the Lancashire and Cheshire Band of Hope Union, 18 Mount St Peter St, Manchester. — Copyright.

Crefydd

Gyda thwf Anghydffurfiaeth yn ystod y bedwaredd ganrif ar bymtheg a dechrau'r ugeinfed ganrif, roedd crefydd a'r capel ar un adeg yn rhan allweddol o dyfu i fyny yng Nghymru. Anogwyd plant i fynychu'n selog yr ysgolion Sul a sefydlwyd mewn capeli ac eglwysi ar draws y wlad o ddiwedd y ddeunawfed ganrif ymlaen. Câi plant eu cymell i ddarllen y Beibl gartref hefyd, a dysgodd aml i blentyn yr wyddor trwy ddarllen rhannau o'r ysgrythur. Gyda'r nos, neu bryd bynnag y byddai munud yn rhydd o'r gorchwylion dyddiol, byddai rhieni yn aml yn adrodd storïau o'r Beibl wrth eu plant, neu'n rhoi prawf ar eu gwybodaeth ysgrythurol trwy gyfrwng catecismau fel *Rhodd Mam i'w Phlant*.

Yn ogystal â rhoi addysg grefyddol i blant o gymunedau gwledig a diwydiannol yn ddiwahân, roedd yr ysgolion Sul hefyd yn cynnig amryw o weithgareddau hamdden, fel gwibdeithiau, clybiau gyda'r nos a chwaraeon. Roedd y tripiau ysgol Sul yn ddiwrnod i'r brenin go iawn i deuluoedd oedd heb fodd i fynd ar wyliau, ac mae'n rhaid bod hen edrych ymlaen am drip i lan y môr i gael nofio a mwynhau picnic. Canu mewn côr, cystadlaethau gwisg ffansi, ffeiriau pentref a dramâu – dyma fathau eraill o adloniant oedd yn gysylltiedig â'r capeli a'r eglwysi ac yn cynnig hoe i'w chroesawu rhag caledi'r bywyd beunyddiol. Roedd grwpiau crefyddol fel y Gobeithlu a *Christian Endeavour* yn rhoi cyfle i blant a phobl ifainc i gymdeithasu, a chyhoeddwyd cylchgronau fel *Trysorfa y Plant* a *Seren yr Ysgol Sul* yn unswydd ar gyfer plant, yn llawn storïau, cerddi a chystadlaethau yn ogystal â phregethau a moeswersi.

Uchod: Trip Ysgol Sul Capel Galltegfa, Rhuthun, 20fed ganrif cynnar.
Isod: Llwyrymwrthodol! Tystysgrif y Band of Hope, 1882.

Gyda thwf adloniant poblogaidd fel ffilmiau, y teledu a chwaraeon ffurfiol yn ystod yr ugeinfed ganrif, edwinodd dylanwad yr eglwysi a'r capeli a'u hysgolion Sul ar fywydau beunyddiol y plant. Serch hynny, er bod llai o bobl ifainc yn mynychu addoldai yn rheolaidd heddiw, mae rhai adegau ym mywyd plentyn, megis genedigaeth a dod i oed, yn dal i gael eu dathlu yn y cyd-destun Cristnogol. Bydd teuluoedd Cristnogol yn cofnodi genedigaeth baban trwy fedydd, ac yn aml fe drysorir y gwisgoedd gwyn neu liw ifori a wisgir am y plentyn ar yr achlysuron hynny. Yn yr un modd, mae'r defodau enwi Iddewig, dathliadau derbyn plant sydd wedi cyrraedd eu harddegau'r gymuned Sîc, a'r wledd Foslemaidd i nodi pen-blwydd plentyn, yn dwyn sylw at y lle arbennig sydd i brofiadau bechgyn a merched mewn traddodiadau eraill.

Chwith uchod: Bowlen fedyddio, dywedid ei bod wedi cael ei defnyddio mewn gwasanaethau yn nhai ffermydd Morgannwg, 19fed ganrif hwyr.

Chwith isod: Bedyddio yn yr afon Elai, Caerdydd, tua 1910.
Uchod: Model o arch Noa a'r anifeiliaid, Caerdydd, 1895.

When Jesus left his Father's Throne,
We chose a humble birth;
Like us unhonour'd and unknown,
We came to dwell on earth.

Sarah Williams Aged 14 Years 1833

Addysg

Daeth addysg ffurfiol yn ofyniad cyfreithiol ym Mhrydain ym 1870, pan fynnodd Deddf Seneddol y dylai pob plentyn rhwng pump a thair blwydd ar ddeg oed dderbyn addysg orfodol. Cyn hynny, dim ond plant y cyfoethogion neu'r bobl freintiedig a fyddai'n derbyn addysg yng Nghymru, trwy fynychu un o'r nifer fach o ysgolion preifat oedd i'w cael yma a thraw. Er gwaethaf yr helaethu hwn ar gyfleoedd addysgol a'r ymrwymiad i fynychu'r ysgol, byddai plant mewn mannau gwledig yn aml yn absennol ar adegau penodol yn y flwyddyn amaethyddol, fel hau a medi, pan oedd gofyn cael eu cymorth ar y ffermydd cyfagos.

Uchod: Casgliad o gardiau darllen Cymraeg, 1927.
Chwith: Sampler a wnaed gan Sarah Williams, Llangynidr, 1833.

Yn groes i heddiw, anaml iawn y dysgid y Gymraeg yn yr ysgolion. Yn wir, yn ystod rhan gyntaf y bedwaredd ganrif ar bymtheg byddai'n cael ei hanghymeradwyo'n ddigon llym. Câi disgyblion eu cosbi am siarad Cymraeg, oherwydd ofnau y byddai'n eu llesteirio rhag dysgu Saesneg. Roedd cyllid ysgolion yn dibynnu i raddau helaeth ar eu perfformiad o ran y 3 R, neu 'Reading, wRiting and aRithmetic'. Goroesodd y Gymraeg yn bennaf oherwydd yr ysgolion Sul, lle byddai plant ac oedolion yn cael eu dysgu i ddarllen ac i ysgrifennu eu mamiaith, gan ddefnyddio'r Beibl yn werslyfr.

Ym 1914 codwyd yr oedran ymadael â'r ysgol i bedair ar ddeg a rhoddwyd tystysgrifau i blant i gadarnhau eu bod yn gymwys i ddechrau ennill cyflog. Golygai hyn y byddent yn treulio gweddill eu harddegau yn dysgu sgiliau galwedigaethol. Ar ddiwedd y 1940au dechreuwyd porthi awydd naturiol plentyn i ddysgu trwy

gyfrwng rhaglenni radio a theledu a wnaed yn arbennig ar gyfer cynulleidfa iau, a hynny am y tro cyntaf. Erbyn heddiw, mae gan blant eu sianeli teledu arbennig eu hunain, ac mae llwyddiant y rhyngrwyd wedi trawsnewid y ffyrdd y maent yn dod o hyd i wybodaeth. Yn fwy diweddar mae data electronig, law yn llaw â chyfryngau printiedig fel cyfeirlyfrau a gwyddoniaduron, wedi galluogi plant i ehangu eu haddysg yn eu cartrefi trwy gyfrwng ba bynnag iaith neu fformat sydd orau ganddynt. Yn ddeunaw oed, mae modd ymroi

i ddysgu rhagor trwy fynychu un o brifysgolion neu golegau addysg uwch niferus Cymru.

Chwith: Gweithio'n galed yn Ysgol Maestir, Sain Ffagan, 2009.
Uchod: Gwersi garddio yn Ysgol Llangwm, Sir Ddinbych, tua 1920.
Tudalennau 32/33: Ysgol Genedlaethol Penegoes, Sir Drefaldwyn, 1905.
Tudalennau 36/37: Llyfr ymarferion botanegol, Merthyr Tudful, 1920.

35

Ecology of Order.

Few genera in this order are found wild in Britain. In woods the Lily of the Valley is common in some parts of England. Solomon Seal is also found in woods, and in the upper part of shady hedges. Wild Hyacinths and Garlic are also found in woods.

Butchers Broom is abundant in parts of England. It is remarkable for its cladophylls or modified stems.

The Wild Tulip, Yellow Star of Bethlehem, Snakes Head occur in some parts of Britain. The Herb Paris is found near streams locally. Bog Asphodel is found in marshes, and garlic also favours shady riversides.

Many species are cultivated eg. Aspidistra, hyacinths and lilies for ornament, the onion, leek, Shallotte and chives, for domestic purposes.

LILY OF THE VALLEY.

TULIP

M CROCEUM.
ORANGE OR SAFFRON
LILY.

Iechyd

Gallai plentyndod yng Nghymru fod yn gyfnod peryglus dros ben ers talwm. Yn ystod y bedwaredd ganrif ar bymtheg a dechrau'r ugeinfed ganrif golygai gorboblogi, prinder dŵr glân a charthffosiaeth ddiffygiol ei bod hi'n hawdd i glefydau heintus fel y frech goch, y dwymyn goch a difftheria i ledaenu. Roedd y pâs yn salwch peryglus arall, a oedd yn achosi bron cymaint o farwolaethau â'r frech goch a'r frech wen gyda'i gilydd. Credai llawer o ddiwygwyr mai problem y trefi yn unig oedd salwch. Ym Merthyr Tudful yn ystod y 1850au, er enghraifft, roedd y gyfradd farwolaeth ar gyfer plant o dan flwydd oed bron cymaint ag 20%. Serch hynny, byddai plant oedd yn byw yng nghefn gwlad hefyd yn dioddef rhag

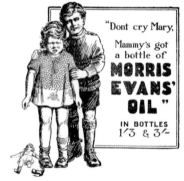

"Dont cry Mary, Mammy's got a bottle of MORRIS EVANS' OIL"

IN BOTTLES 1'3 & 3'-

Chwith: Chwarae nyrs, 1990au hwyr.
Uchod: Hysbyseb am foddion Morris Evans i blant, 1930au.
De: Bechgyn ifanc yn gwella o'r diciâu, Sanatoriwm Craig-y-Nos, Ystradgynlais, 1930au.

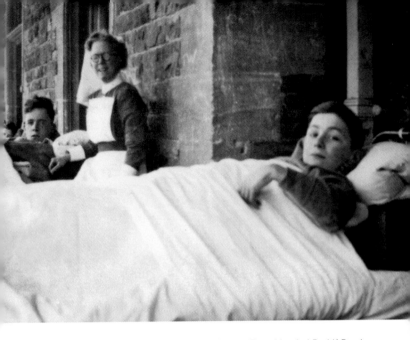

salwch oherwydd yr amodau byw cyfyng a'r deiet sâl. Roedd diffyg maeth yn broblem o bwys. Roedd y llechau, salwch cyffredin a oedd yn arwain at gamffurfio'r esgyrn, yn cael ei achosi gan ddiffyg fitamin D ac roedd yn arbennig o gyffredin mewn cymunedau tlawd.

Oherwydd prinder moddion digonol a system frechu effeithiol byddai llawer math o salwch yn aml yn golygu colli plentyn. Er mai bwriad Deddf Brechu rhag y Frech Wen 1871 oedd lleddfu ofnau rhieni, codai bryderon i lawer, oherwydd adroddiadau arswydus yn y wasg am fabanod iach yn cael eu heintio gan y brechiad ac yn marw o'r herwydd. Yng Nghymru yn y cyfnod hwn, roedd galw'r meddyg i'r tŷ yn costio'n rhy ddrud o lawer ac felly byddai pobl yn aml yn troi at feddyginiaethau gwerin a pherlysiau wrth geisio lleddfu salwch.

Er gwaethaf achosion o salwch difrifol fel y geri a'r ddarfodedigaeth, pan ddechreuwyd gweithredu'r Deddfau Iechyd Cyhoeddus yng Nghymru yn ystod rhan olaf y bedwaredd ganrif ar bymtheg, a gyda datblygiad gwell carthffosiaeth a gwasanaethau iechyd yng nghanol yr ugeinfed ganrif, gwelwyd gwelliant mawr yn lles y genedl. Serch hynny mae pryderon ynghylch maethu a brechiadau yn parhau hyd heddiw, ac ymgyrchoedd i annog plant i fwyta'n iach ac ymarfer corff yn rheolaidd i'w gweld yn fater o bwys er hyrwyddo ffitrwydd cyffredinol.

Isod: Pâr o esgidiau plentyn a fu farw yn saith mis oed, Tonypandy, 1879. De: Hamog pwyso baban, Rhondda, dechrau 20fed ganrif.

ALL SAINTS CHURCH TREALAW

42

Yr arddegau

Wrth feddwl neu sôn am blentyndod, digon hawdd yw anghofio am blant hŷn. Ac eto mae'n bosibl mai'r blynyddoedd hyn yw'r rhai pwysicaf oll, pan fydd plentyndod yn troi'n oedolaeth a phlant yn cael eu cip cyntaf ar y byd mawr a'i brofiadau. Ar un adeg golygai hyn waith caled a rhagor o gyfrifoldeb i lawer, ar y fferm, ym myd diwydiant, yn y cartref neu wrth fynd allan i weini. Roedd y tripiau Ysgol Sul a chyfarfodydd y Gobeithlu yn cynnig rhyw ysbaid o'r gwaith, ac roedd y sinema leol a dawnsfeydd yn boblogaidd hefyd gyda phlant yn eu harddegau fel mannau i wneud ffrindiau newydd.

Pobl ifanc adeg eu derbyn i'r eglwys, Trealaw, Rhondda, 1919.

Golygai golud a mudoledd cymdeithasol cynyddol y 1950au a'r 1960au bod gan fwy o blant arian i'w wario ar ddiddordebau fel casglu stampiau, clybiau gwyddbwyll a mynychu dawnsfeydd a'r sinema. Dechreuodd plant yn eu harddegau dreulio rhagor o amser yn y cartref, yn eu hystafelloedd gwely gyda'u ffrindiau yn gwrando ar y recordiau pop diweddaraf.

Uchod: Albwm stampiau Brian Lile, Abertawe, 1953.
De: Llyfr sgrap Fictoraidd, Sir Benfro, 1880au.

A flying-fish pursued by a Dolphin, in trying to escape, sometimes leaps over the
vessel, when these do hap... and comes the Dolphin to the same...

45

Roeddent hefyd yn chwilio am ramant. Wrth baredio trwy'r trefi a'r pentrefi gan obeithio dal llygad rhywun yn ystod digwyddiadau fel y 'Bunny Runs' a'r 'Monkey Parades', neu drefnu i fynd i'r ddawns neu'r disgo, roedd dechrau canlyn yn garreg filltir bwysig, yn arbennig os byddech yn dod ymlaen yn dda gyda'r un roeddech yn ei hoffi. Ond nid sbort oedd y cyfan. Heb addysg ryw a gyda'r dulliau atal cenhedlu yn brin iawn, gallai perthynas gael canlyniadau o bwys a fyddai'n effeithio ar y teulu cyfan. Heddiw, mae alcohol, cyffuriau a beichiogi yn yr arddegau yn faterion emosiynol sy'n galw am ofal a sensitifrwydd wrth eu trafod.

Gall blynyddoedd yr arddegau fod yn rhai cyffrous a heriol am yn ail. Gyda phwysau arholiadau yn ofid cyson yn ystod y blynyddoedd olaf yn yr ysgol a'r dyddiau cyntaf yn y coleg neu mewn gwaith yn rhai brawychus ac anghyfarwydd, mae tyfu'n hŷn yn fater o bwys. Ar y llaw arall, mae gwefr profiadau newydd a diwedd plentyndod yn nodi troi cefn ar y gorffennol ac ymdeimlad disgwylgar braf wrth wynebu'r cyfnod nesaf mewn bywyd.

Chwith: Maes B, Eisteddfod Genedlaethol Y Bala, 2009.
De uchod: Gwersylla yn yr ardd, Pen-y-bont ar Ogwr, 1979.
De isod: Brodyr ar eu beiciau, 1977.

Amgueddfeydd cenedlaethol Cymru

Mae teulu Amgueddfa Cymru'n cynnwys saith amgueddfa wedi'u lleoli ledled Cymru. Mae pob aelod o'r teulu'n cynnig profiad unigryw a byw o hanes Cymru, ac yn rhannu gwerthoedd rhagoriaeth ac addysg Amgueddfa Cymru.

Amgueddfa Wlân Cymru
Dre-fach Felindre, Sir Gaerfyrddin

Amgueddfa Genedlaethol y Glannau
Yr Ardal Forol, Abertawe

Amgueddfa Genedlaethol Caerdydd
Parc Cathays, Caerdydd

Sain Ffagan: Amgueddfa Werin Cymru
Sain Ffagan, Caerdydd

Big Pit: Amgueddfa Lofaol Cymru
Blaenafon, Torfaen

Amgueddfa Lechi Cymru
Llanberis, Gwynedd

Amgueddfa Lleng Rufeinig Cymru
Caerllion, Casnewydd

Am fwy o wybodaeth ewch at wefan
Amgueddfa Cymru
www.amgueddfacymru.ac.uk